Ações com Lucidez:

a Saga de um Investidor Iniciante na Bolsa de Valores

Diego Tresinari, Ph.D.

Diego Tresinari, Ph.D.

"Eles dizem: Pense duas vezes antes de saltar.

Eu digo: Primeiro salte e depois pense o quanto você quiser!"

Osho (Guru Espiritual Indiano)

Ações com Lucidez: a Saga de um Investidor Iniciante na Bolsa de Valores

Índice

QUEM SOU EU (Diego Tresinari): 5

AÇÕES COM LUCIDEZ (Documento 1, Postado em Setembro 2019 na página www.facebook.com.br/centrodeestudosfinanceiros) 10

AÇÕES COM LUCIDEZ (Documento 2-Setembro/2019) 19

AÇÕES COM LUCIDEZ (Documento 3-Outubro/2019) 28

AÇÕES COM LUCIDEZ (Documento 4-Novembro/2019) 38

CONSIDERAÇÕES FINAIS SOBRE A SAGA AÇÕES COM LUCIDEZ 47

CENTRO DE ESTUDOS FINANCEIROS (ASSESSORIA DE INVESTIMENTOS INDEPENDENTE) 58

GLOSSÁRIO – TIPOS DE INVESTIMENTOS DISCUTIDOS (Tesouro Direto) 69

GLOSSÁRIO – TIPOS DE INVESTIMENTOS DISCUTIDOS (Fundos de Investimentos Imobiliários, FIIs) 71

GLOSSÁRIO – TIPOS DE INVESTIMENTOS DISCUTIDOS (Ações) 74

OUTROS LIVROS – Liberdade Financeira Ayurvédica: Insights de Minha Jornada 77

OUTROS LIVROS – Ayurvedic Financial Freedom: Insights From My Wealth Journey (Edição em Inglês) 79

OUTROS LIVROS – Investidor-Trader Lúcido: Acabando com a Polarização no Mundo dos Investimentos 81

SÉRIE DE LIVROS NA AMAZON– Investimentos com Lucidez 83

Ações com Lucidez: a Saga de um Investidor Iniciante na Bolsa de Valores

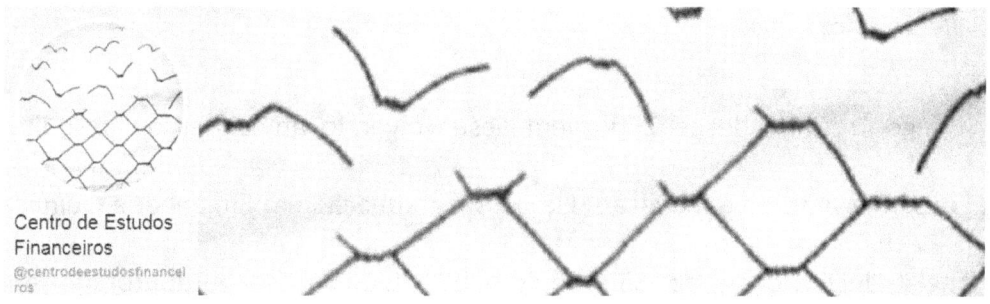

QUEM SOU EU (Diego Tresinari):

Sou investidor dos mercados imobiliários e financeiro (Investidor Qualificado segundo instrução CVM 554/2014) desde 2008. Fui Pesquisador Colaborador na Unicamp (2011-2019) tendo realizado pós-doutorado na Suíça (2013) e Espanha (2016) na área de Engenharia Econômica. Adicionalmente, durante minha carreira acadêmica-científica contribui com a formação de diversos pesquisadores e ministrei cursos de extensão universitária sobre finanças pessoais na Unicamp. Em março de 2019 fundei o Centro de Estudos Financeiros. (https://www.centrodeestudosfinanceiros.com.br)

Diego Tresinari, Ph.D.

Resumé Acadêmico

Diego Tresinari desde 2004 vem desenvolvendo atividades de pesquisa, desenvolvimento e inovação. Ele possui graduação em Engenharia Química pela Universidade de São Paulo (USP) (2003-2008) e doutorado em Engenharia de Alimentos (Área Ciência e Tecnologia de Alimentos) pela Universidade Estadual de Campinas (UNICAMP) (2008-2011) (doutorado direto com período sanduíche no exterior). Atuou como Pesquisador Colaborador da Faculdade de Engenharia de Alimentos/UNICAMP (2011-2019) e como Membro Fundador da Comissão Gestora dos Equipamentos Multiusuários do Instituto Federal de Educação, Ciência e Tecnologia de São Paulo, Campus Capivari, tendo realizado estágio pós-doutoral no exterior na área de Engenharia Econômica na École Polytechnique Fédérale de Lausanne (Suíça) (05-2013/04-2014) e na Universidad de Valladolid (Espanha) (01-2016/12-2016). Adicionalmente, realizou estágios acadêmicos internacionais de curta duração na Universidad de Chile (Chile), na Dublin City University (Irlanda) e no CONICET-Bahía Blanca (Argentina). Recebeu 16 prêmios, destacando-se o Prêmio Capes de Tese 2012, o Leopold Hartman pela Sociedade Brasileira de Ciência e Tecnologia de

Alimentos (SCBTA) e o de Mérito Científico (no COBEQ 2005) pela Associação Brasileira de Engenharia Química (ABEQ), saindo em mais 25 notícas/comentários/entrevistas na mídia. Atuou como membro do corpo editorial para 21 periódicos internacionais publicados em diferentes editoras (Elsevier, Springer Nature, Bentham Science, etc.) sendo Founder Editor-in-Chief do Internacional Journal of Applied Chemistry and Chemical Engineering e como revisor para 70, bem como revisor de projetos e membro de comitê de assessoramento de diversas agências de fomento nacionais e internacionais, destacando-se a National Science Center (Polônia). Publicou 85 artigos em periódicos especializados, 41 capítulos de livro (Índice-h = 23) e mais de 125 trabalhos em anais de eventos científicos; realizou mais de 135 pareceres técnicos. Participou de mais de 45 projetos de pesquisa, desenvolvimento tecnológico e extensão, tendo participado de atividades de empreendedorismo e transferência de tecnologia para o ambiente produtivo e social [Organização de empresas inovadoras, destacando-se à participação nos meses iniciais de criação da Startup FEXTRAT e consultorias/assessorias, destacando-se às realizadas para o Instituto Vita Nova, braço de pesquisa e inovação da empresa EMS e para a empresa Natura]. Participou de mais de 75 eventos no Brasil e no exterior, atuando na organização de 7 destes e sendo membro do comitê científico para 5. Participou na orientação de 2 teses de Doutorado, 6 dissertações de Mestrado, 2 trabalhos de Iniciação Cientifica, 1 trabalho de conclusão de curso de Graduação e outros 7 trabalhos acadêmicos de curta duração nas áreas de Engenharia Química, Ciência e Tecnologia de Alimentos e Engenharia Econômica. Desenvolveu 11 processos/produtos de inovação tecnológica e possui 2 patentes de invenção [patente requerida ao INPI e IPI (Suíça)]. É autor de 9 livros, destacando-se os intitulados Antisolvent Precipitation Process e Supercritical Fluid Biorefining (ambos da Springer) e foi Guest Editor para 2 edições especiais: uma para o International Journal of Chemical Engineering (sendo Lead Editor) e outra para o Journal of Chemistry (ambos da Hindawi). Mantém colaboração científica com diversas Universidades do país e estrangeiras tais como: The Energy and Research Institute Northeastern Regional Centre/India, Universidad de Carabo/Venezuela; Universidad Técnica de Machala/Equador; James Cook University/Austrália; Universidad de Antioquia/Colômbia; Universidade Federal do Rio Grande do Norte;

Universidade Estadual de Feira de Santana; Universidade Federal de Ouro Preto, entre outras. Em seu Currículo os termos mais freqüentes, na contextualização da produção cientifica e tecnológica são: Compostos Bioativos, Plantas Medicinais, Produtos Naturais, Biorefinaria, Avaliação Econômica (http://lattes.cnpq.br/2702529760353164).

Diego Tresinari, Ph.D.

AÇÕES COM LUCIDEZ (Documento 1, Postado em Setembro 2019 na página www.facebook.com.br/centrodeestudosfinanceiros)

Apresentação

Primeiramente gostaria de apresentar o documento intitulado "Ações com Lucidez". Este documento tem caráter educacional e está sendo formulado utilizando dados reais de uma mentoria financeira que venho prestando a um cliente desde 2017. Como o referido cliente se enquadra em um perfil que possivelmente deva ser similar ao da grande maioria dos interessados no tema dinheiro e investimentos que curtem a página do **Centro de Estudos Financeiros** (www.facebook.com.br/centrodeestudosfinanceiros), achei oportuno preparar este documento para contribuir com a educação financeira de vocês.

Perfil do Cliente

O referido cliente como a grande maioria dos Brasileiros estava preocupado com a fase de sua aposentadoria e não sabia nada de investimentos. Assim comecei a dar instruções sobre o que é renda fixa e o Tesouro Direto. Como o cliente tinha em mente gerar uma renda deste valor, ao eu explicar o funcionamento dos títulos do governo federal que pagam juros semestrais, o cliente logo compreendeu e adorou este tipo de investimento. Como o cliente já possuía um imóvel residencial que alugava e recebia rendimentos mensais (o aluguel do inquilino), em seguida ele entendeu que este título do tesouro escolhido por ele (Tesouro IPCA+ com juros semestrais 2050) poderia atuar de maneira similar, somente diferenciando que os recebimentos cairiam em sua conta corrente de maneira acumulada de 6 em 6 meses e que o Governo Federal seria seu novo inquilino.

Dinâmica do Investimento Realizado

Assim no dia 01/09/2017 o cliente fez a compra do título Tesouro IPCA+ com juros semestrais 2050 no valor de aproximadamente R$ 30.000 e no dia 15/02/2018 (5 meses depois) o primeiro pagamento dos juros foi realizado em sua conta no valor de aproximadamente R$ 660. Como o tesouro nacional segue um calendário (que pode ser acessado em http://www.tesouro.fazenda.gov.br/documents/10180/391338/Pagamento_Cupons.pdf) o primeiro pagamento foi realizado após somente 5 meses. Porém, os seguintes (15/08/2018; 15/02/2019 e 15/08/2019) foram realizados com um interstício de 6 meses.

Educação Financeira Continuada

Por algumas vezes eu encontrava o cliente e ele sempre muito contente mencionava que estava adorando receber os cupons pontualmente a cada 6 meses em sua conta. Adicionalmente, relatava que o valor de R$ 660 representava um valor mensal de R$ 110 e que percentualmente estava ganhando mais com este investimento (0,4 % a.m) do que com o aluguel do imóvel que detinha em Minas Gerais (0,35% a.m). Após uma época de vacância por meses e vários inquilinos não pagando o aluguel devido à perda de seus empregos com a crise econômica recente, ele teve que abaixar bastante o valor do aluguel o que lhe estava rendendo os atuais mencionados 0,35% a.m. frente ao capital investido despendido para comprar o imóvel.

Uma vez que eu percebi uma euforia exagerada devido à possível aprovação da previdência eu entrei em contato com este cliente para ver se ele gostaria de continuar avançando com a sua educação financeira e talvez vender o tão querido título do tesouro que ele amava, se assim ele o decidisse. Após, 3 sessões de mentoria de aproximadamente 1h e 30 min em que mostrei diferentes gráficos para ele (o principal está abaixo) e lhe ensinei diferentes ferramentas como Análise Fundamentalista, Análise

Gráfica e de Fluxo Financeiro, além de termos estudados juntos indicadores econômicos nacionais e internacionais, ele decidiu que tomaria a decisão de vender o título que estava sendo cotado a um preço bem maior do que vale (segundo os nossos estudos financeiros), para preservar o lucro virtual obtido.

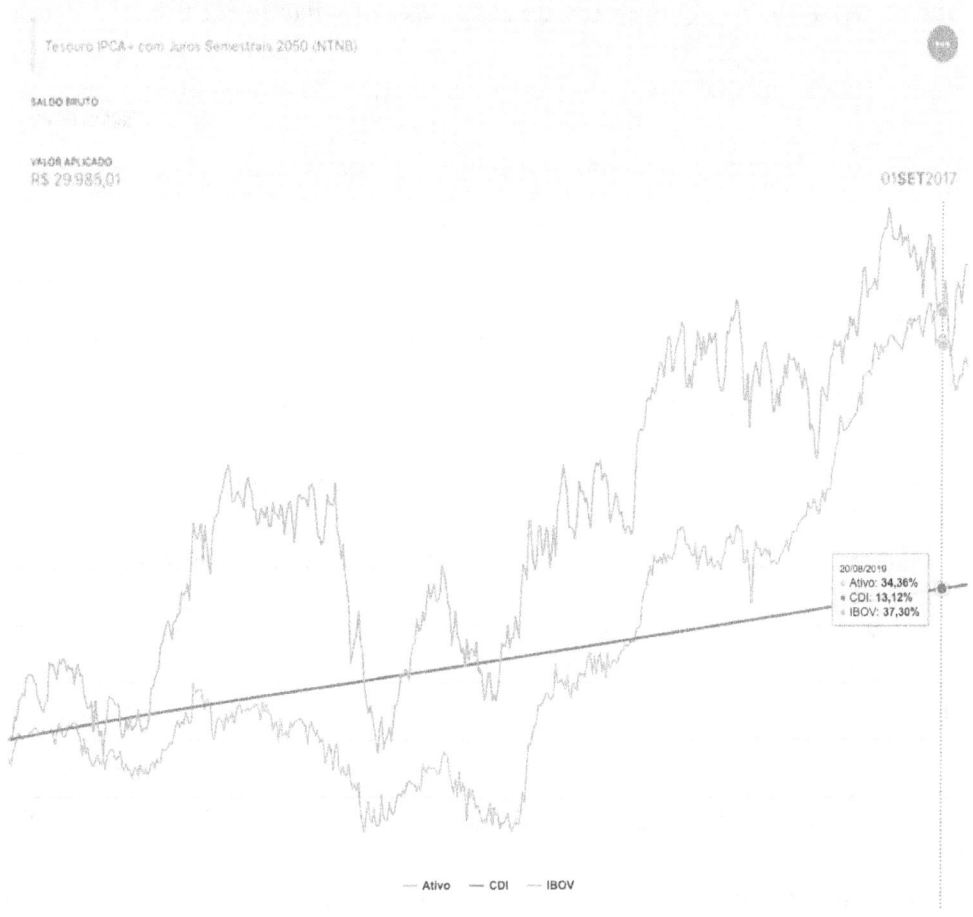

Conforme pode ser visto no gráfico a rentabilidade obtida com este investimento conservador com esta venda estratégica estava dando muito próxima a da obtida na renda variável (agrupamento das principais ações na bolsa de valores medida pelo indicador IBOV, Ibovespa) e 2,6 X mais do que se deixado em algum título de renda fixa pós-fixado (CDB, LCI, etc. que renda 100 % do CDI-Taxa Selic, o que somente é conseguido ao comprar renda fixa via corretoras, não via bancos grandes como ITAU, Banco do Brasil e etc. que pagam em média 85 % do CDI-Taxa Selic). Assim, a rentabilidade de 34,36 % em aproximadamente 2 anos (aproximadamente 17,18 % a.a) foi embolsada a pesar de o título ter sido comprado para ter uma rentabilidade de 5,5% a.a. + IPCA (indicador de inflação). Uma vez que o IPCA nestes 2 anos (2017 e 2018) foi de aproximadamente 4,5 % cada ano, a rentabilidade que o cliente embolsaria se mantivesse este título seria de 10 % a.a e não os 17,18 % a.a.

Sendo vendido no dia 20/08/19 o valor aproximado de R$ 38.500 entrou na conta corrente do cliente após ter ficado já retido R$ 1.500 para pagamento de Imposto de Renda. Assim R$ 8.500 entrou na forma de lucro, o que deixou o cliente com um misto de alegria e dúvida do que fazer agora com o dinheiro na mão. Lembrando que caso a venda não tivesse sido realizada o valor acumulado do capital estaria em R$ 35.355 após também pagamento de Imposto de renda retido, totalizando R$ 3.145 a menos.

Cenas do Próximo Capítulo

Uma vez que os títulos do tesouro direto estavam pagando aproximadamente 3 % a.a +IPCA em agosto (http://www.tesouro.fazenda.gov.br/tesouro-direto-precos-e-taxas-dos-titulos), e justamente devido a isto que a venda de um título que pagava 5,5% a.a. + IPCA adquirido em 2017 pode ser vendido com valor de face maior, o que possibilitou o referido lucro inesperado, o cliente logo entendeu que precisaria aprender mais de outros investimentos para conseguir ir rentabilizando seu patrimônio de maneira inteligente durante o tempo. Assim ele me perguntou o que eu mais poderia ensiná-lo e que estaria em um bom momento de compra (em agosto de 2019), assim como estava o título do tesouro que ele havia comprado em setembro de 2017. E eu lhe respondi: - Ações... E após uns 20-30 minutos de diferentes argumentações contrárias da parte dele eu completei a minha resposta: - Ações com Lucidez. E aí ele me respondeu: - Ah... se é com Lucidez, então, tudo bem.

Se você se interessar com o tema renda variável, por favor, não deixe de seguir esta nossa saga. Mês a mês irei atualizando o que acontece com a carteira de ações e fundos imobiliários que o cliente irá escolher para que você vá familiarizando com o tema e quizá se anime a começar a melhorar a sua educação financeira com a ajuda do **Centro de Estudos Financeiros** (www.facebook.com.br/centrodeestudosfinanceiros).

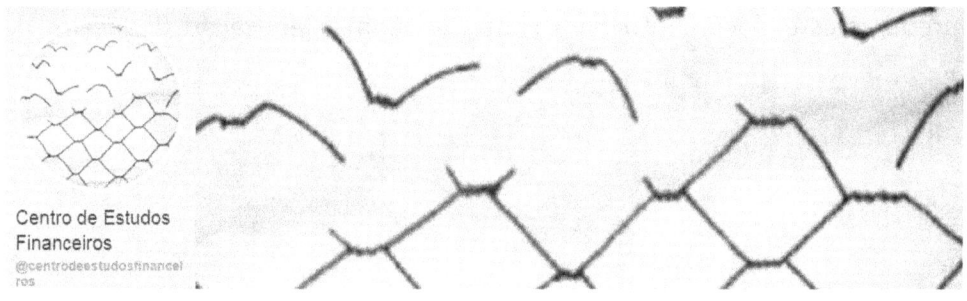

AÇÕES COM LUCIDEZ (Documento 2-Setembro/2019)

Apresentação

Primeiramente gostaria de apresentar o documento intitulado "Ações com Lucidez". Este documento tem caráter educacional e está sendo formulado utilizando dados reais de uma mentoria financeira que venho prestando a um cliente desde 2017. Como o referido cliente se enquadra em um perfil que possivelmente deva ser similar ao da grande maioria dos interessados no tema dinheiro e investimentos que curtem a página do **Centro de Estudos Financeiros** (www.facebook.com.br/centrodeestudosfinanceiros), achei oportuno

preparar este documento para contribuir com a educação financeira de vocês.

Recapitulação dos Acontecimentos

No documento 1 lhes contei a dinâmica de um investimento que um de meus clientes fez com os conhecimentos adquiridos nas sessões individualizadas de Educação Financeira que realizamos nos últimos 2 anos. Ao final do documento mencionei que dei como sugestão ao cliente ele aprender a investir no mercado de ações comigo e reaplicar o seu dinheiro liberado do primeiro investimento feito com sucesso (34,36 % de rentabilidade, enquanto o CDI rendeu 13,12 % no mesmo período), o que após algum embate tipo: "Bolsa é Cassino, Não irei agüentar ver tanta oscilação no meu patrimônio, Isto é para gente rica e Eu não sou tão inteligente assim", o cliente por fim aceitou este novo desafio de aprendizado.

Ações com Lucidez: a Saga de um Investidor Iniciante na Bolsa de Valores

Dinâmica do Investimento Realizado

Assim após algumas horas de mentoria financeira, no dia 20/08/2019 o cliente após ter escolhido os ativos após muita discussão e já com uma certa lucidez financeira sobre os riscos envolvidos da renda variável fez a compra de 7 ativos de renda variável, incluindo 5 ações de empresas e 2 Fundos de Investimento Imobiliário (FIIs) listados na bolsa brasileira no valor de R$ 31.565,20 e já no dia 29/08 (9 dias depois) o primeiro pagamento de proventos foi realizado em sua conta no valor de R$ 14,15 (no caso o recebimento se refere a dividendos da empresa do setor educacional Kroton, código na bolsa KROT3). E no dia 13/09 (menos de 1 mês após o dia do investimento inicial) outros 2 rendimentos referentes às FIIs escolhidos pelo cliente no valor de R$ 68,00 (General Shopping Ativo e Renda, código na bolsa FIGS11) e R$ 9,10 (XP Corporate Macaé, código na bolsa XPCM11), caíram em sua conta, totalizando o valor de R$ 91,25 (R$ 14,15 + R$ 68 + R$ 9,10), o que representa um rendimento mensal líquido (final) somente em termos de proventos de 0,29 % a.m. Uma vez que o cliente estava acostumado com a idéia de recebimento do valor aproximado de R$ 100 ao mês (que se referia a aproximadamente a divisão do cupom semestral no valor de R$ 600 divido por 6, que o tesouro direto lhe pagava previamente e que lhe dava um rendimento mensal líquido de 0,37 % a.m.) a estratégia que lhe ensinei se baseou em mesclar ativos de FIIs com boas ações pagadoras de dividendos, para que ele não sentisse muito a diferença entre os investimentos e a mudança fosse gradativa. Assim o cliente está em sua mente considerando que recebeu o valor de 0,29 % a.m. em "aluguel" a partir desta carteira de investimento em renda variável. A seguir vocês encontram o detalhamento da carteira de investimentos escolhida pelo cliente, bem como, o descritivo de sua valorização (4,79 %, R$ 1.324) até o momento (dia 13/09, menos de 1 mês). Vale destacar que eu ensinei diferentes ferramentas como Análise Fundamentalista, Análise Gráfica e de Fluxo Financeiro, além de termos estudados juntos indicadores econômicos nacionais e internacionais para que o cliente sentisse confortável em escolher a apresentada carteira de investimentos.

Ações com Lucidez: a Saga de um Investidor Iniciante na Bolsa de Valores

SALDO BRUTO
R$ 32.889,20

RENTABILIDADE TOTAL
4,79%

VALOR APLICADO
R$ 31.565,20

PRIMEIRA APLICAÇÃO
20AGO2019

ATUALIZADO: 13SET2019

XPCM11 - FII XP MACAE
SALDO ATUAL
R$ 4.648,00
RENTABILIDADE
4,54%

KROT3 - KROTON
SALDO ATUAL
R$ 4.737,60
RENTABILIDADE
3,01%

SMLS3 - SMILES
SALDO ATUAL
R$ 4.527,60
RENTABILIDADE
5,13%

GGBR4 - GERDAU
SALDO ATUAL
R$ 4.627,40
RENTABILIDADE
9,67%

CIEL3 - CIELO
SALDO ATUAL
R$ 5.005,00
RENTABILIDADE
2,67%

SUZB3 - SUZANO PAPEL
SALDO ATUAL
R$ 4.683,00
RENTABILIDADE
7,66%

FIGS11 - FII GEN SHOP
SALDO ATUAL
R$ 4.660,60
RENTABILIDADE
1,54%

Diego Tresinari, Ph.D.

XPCM11 - FII XP MACAE

RESULTADO
R$ 121,80

QUANTIDADE 80	PREÇO MÉDIO R$ 56,58
% PM 2,69%	ÚLT. COTAÇÃO R$ 58,10
VALOR APLICADO R$ 4.526,20	SALDO BRUTO R$ 4.648,00

ATUALIZADO: 13SET2019

13/09/2019
- Ativo: 4,54%
- CDI: 0,39%
- IBOV: 5,19%

--- Ativo — CDI --- IBOV

KROT3 - KROTON

RESULTADO
R$ 123,60

QUANTIDADE 420	PREÇO MÉDIO R$ 10,99
% PM 2,68%	ÚLT. COTAÇÃO R$ 11,28
VALOR APLICADO R$ 4.614,00	SALDO BRUTO R$ 4.737,60

ATUALIZADO: 19SET2019

03/09/2019
- Ativo: -8,22%
- CDI: 0,23%
- IBOV: 0,46%

--- Ativo — CDI --- IBOV

Ações com Lucidez: a Saga de um Investidor Iniciante na Bolsa de Valores

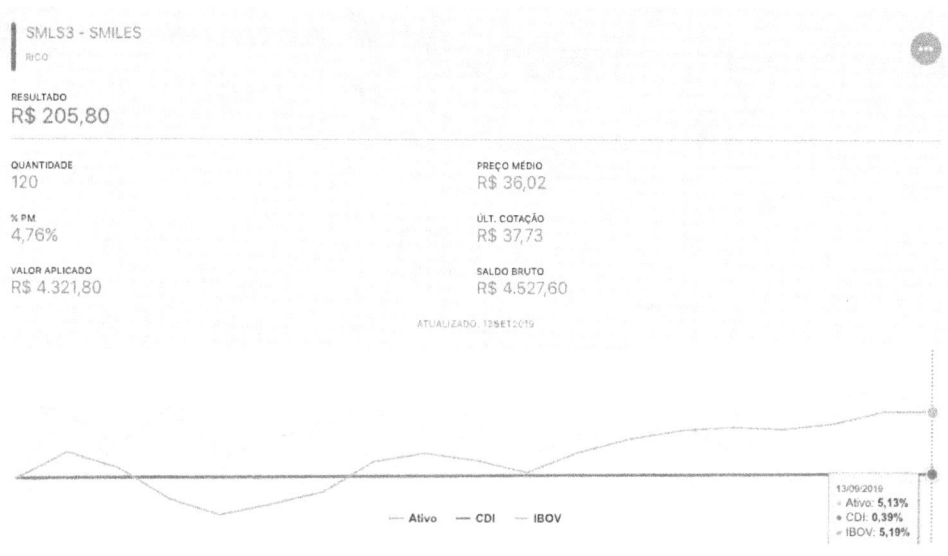

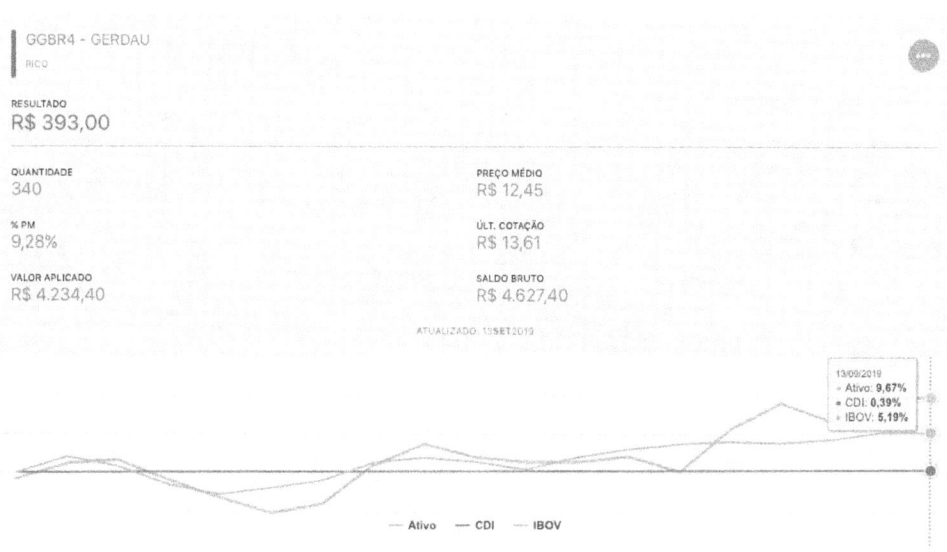

Diego Tresinari, Ph.D.

CIEL3 - CIELO
RICO

RESULTADO
R$ 115,00

QUANTIDADE
650

PREÇO MÉDIO
R$ 7,52

% PM
2,35%

ÚLT. COTAÇÃO
R$ 7,70

VALOR APLICADO
R$ 4.890,00

SALDO BRUTO
R$ 5.005,00

ATUALIZADO 13SET2019

13/09/2019
- Ativo: 2,67%
- CDI: 0,39%
- IBOV: 5,19%

— Ativo — CDI — IBOV

SUZB3 - SUZANO PAPEL
RICO

RESULTADO
R$ 318,20

QUANTIDADE
140

PREÇO MÉDIO
R$ 31,18

% PM
7,29%

ÚLT. COTAÇÃO
R$ 33,45

VALOR APLICADO
R$ 4.364,80

SALDO BRUTO
R$ 4.683,00

ATUALIZADO 13SET2019

13/09/2019
- Ativo: 7,66%
- CDI: 0,39%
- IBOV: 5,19%

— Ativo — CDI — IBOV

Se você se interessar com o tema renda variável, por favor, não deixe de seguir esta nossa saga. Mês a mês irei atualizando o que acontece com a carteira de ações e fundos imobiliários que o cliente irá escolher para que você vá familiarizando com o tema e quizá se anime a começar a melhorar a sua educação financeira com a ajuda do **Centro de Estudos Financeiros** (www.facebook.com.br/centrodeestudosfinanceiros).

Diego Tresinari, Ph.D.

AÇÕES COM LUCIDEZ (Documento 3-Outubro/2019)

Apresentação

Primeiramente gostaria de apresentar o documento intitulado "Ações com Lucidez". Este documento tem caráter educacional e está sendo formulado utilizando dados reais de uma mentoria financeira que venho prestando a um cliente desde 2017. Como o referido cliente se enquadra em um perfil que possivelmente deva ser similar ao da grande maioria dos interessados no tema dinheiro e investimentos que curtem a página do **Centro de Estudos Financeiros** (www.facebook.com.br/centrodeestudosfinanceiros), achei oportuno

preparar este documento para contribuir com a educação financeira de vocês.

Recapitulação dos Acontecimentos

No documento 1 lhes contei a dinâmica de um investimento que um de meus clientes fez com os conhecimentos adquiridos nas sessões individuais de Educação Financeira que realizamos nos últimos 2 anos. Ao final do documento mencionei que dei como sugestão ao cliente ele aprender a investir no mercado de ações comigo e reaplicar o seu dinheiro liberado do primeiro investimento feito com sucesso (34,36 % de rentabilidade, enquanto o CDI rendeu 13,12 % no mesmo período), o que após algum embate tipo: "Bolsa é Cassino, Não irei agüentar ver tanta oscilação no meu patrimônio, Isto é para gente rica e Eu não sou tão inteligente assim", o cliente por fim aceitou este novo desafio de aprendizado e começou a investir em renda variável, Assim no documento 2 lhes contei a dinâmica deste novo investimento realizado (a compra de 7 ativos de renda variável, incluindo 5 ações de empresas e 2 Fundos de

Investimento Imobiliário (FIIs) listados na bolsa brasileira no valor de R$ 31.565,20 no dia 20/08) até a data de 13/09.

Atualização do Investimento Realizado

No dia 27/09 dois pagamento de proventos foram realizados na conta do cliente no valor de R$ 1,72 e R$ 0,41 (no caso o recebimento se refere a dividendos e juros sobre capital próprio da empresa do setor de serviços bancários Cielo, código na bolsa CIEL3, respectivamente). E no dia 14/10 outro rendimento referente ao FII escolhidos pelo cliente no valor de R$ 64,80 (XP Corporate Macaé, código na bolsa XPCM11), caiu em sua conta, totalizando o valor de R$ 66,93 (R$ 1,72 + R$ 0,41 + R$ 64,80) (mês passado o valor foi de R$ 91,25), o que representa um rendimento mensal líquido (final) somente em termos de proventos de 0,21 % a.m (R$ 66,93/ R$ 31.565,20). Uma vez que o cliente estava acostumado com a idéia de recebimento do valor aproximado de R$ 100 ao mês (que se referia a aproximadamente a divisão do cupom semestral no valor de R$ 600 divido por 6, que o tesouro direto lhe pagava previamente e que lhe dava um rendimento mensal líquido de 0,37 % a.m.) a estratégia que lhe ensinei se baseou em mesclar ativos de FIIs com boas ações pagadoras de dividendos, para que ele não sentisse muito a diferença entre os investimentos. Assim o cliente está em sua mente considerando que recebeu o valor de 0,21 % a.m. em "aluguel" neste mês de outubro (valor um pouco abaixo dos 0,29 % a.m auferidos no mês anterior) a partir desta carteira de investimento em renda variável. A seguir vocês encontram o detalhamento da carteira de investimentos escolhida pelo cliente, bem como, o descritivo de sua valorização 3,8 %, R$ 912,70 até o momento (dia 15/10, aproximadamente 2 meses) (frente a 4,79 %, R$ 1.324, que estava no mês anterior levando em conta um tempo de aproximadamente 1 mês). Vale destacar que apesar da perda de valor do investimento durante este mês que passou, o que pode dar uma impressão equivocada que o investimento vai indo mal, o investimento como vai indo está seguindo o seu fluxo natural por ser um investimento em renda variável. Como o próprio nome já diz a variação tanto dos proventos quanto do valor das cotas que o cliente possui nas empresas e empreendimentos imobiliários escolhidos variam/oscilam de preço. Em contrapartida, quando comparado o investimento que o cliente escolheu, com a poupança e o CDI (indexador dos Fundos DI, CDB, LCI, etc), por exemplo, percebe-se que durante o mês passado, setembro, a diferença é enorme (4,81% de rentabilidade frente a 0,34 % da poupança e 0,46 % do CDI). Outro item que vale a pena destacar é que o código da empresa do setor educacional Kroton trocou de nome para Cogna, assim que seu código na bolsa foi alterado de KROT3 para COGN3.

Ações com Lucidez: a Saga de um Investidor Iniciante na Bolsa de Valores

SALDO BRUTO
R$ 32.477,90

RENTABILIDADE TOTAL
3,87%

VALOR APLICADO
R$ 31.565,20

PRIMEIRA APLICAÇÃO
20AGO2019

ATUALIZADO: 15**OUT**2019

XPCM11 - FII XP MACAE
SALDO ATUAL
R$ 4.625,60

RENTABILIDADE
5,48%

COGN3 - COGNA ON
SALDO ATUAL
R$ 4.481,40

RENTABILIDADE
-1,94%

SMLS3 - SMILES
SALDO ATUAL
R$ 4.544,40

RENTABILIDADE
5,52%

GGBR4 - GERDAU
SALDO ATUAL
R$ 4.539,00

RENTABILIDADE
7,57%

CIEL3 - CIELO
SALDO ATUAL
R$ 4.953,00

RENTABILIDADE
2,20%

SUZB3 - SUZANO PAPEL
SALDO ATUAL
R$ 4.818,80

RENTABILIDADE
10,78%

FIGS11 - FII GEN SHOP
SALDO ATUAL
R$ 4.515,70

RENTABILIDADE
-1,61%

Diego Tresinari, Ph.D.

XPCM11 - FII XP MACAE
RICO

RESULTADO
R$ 99,40

QUANTIDADE 80	PREÇO MÉDIO R$ 56,58
% PM 2,20%	ÚLT. COTAÇÃO R$ 57,82
VALOR APLICADO R$ 4.526,20	SALDO BRUTO R$ 4.625,60

ATUALIZADO: 14 OUT 2019

14/10/2019
- Ativo: 5,48%
- CDI: 0,86%
- IBOV: 5,12%

COGN3 - COGNA ON
RICO

RESULTADO
R$ -132,60

QUANTIDADE 420	PREÇO MÉDIO R$ 10,99
% PM -2,87%	ÚLT. COTAÇÃO R$ 10,67
VALOR APLICADO R$ 4.614,00	SALDO BRUTO R$ 4.481,40

ATUALIZADO: 14 OUT 2019

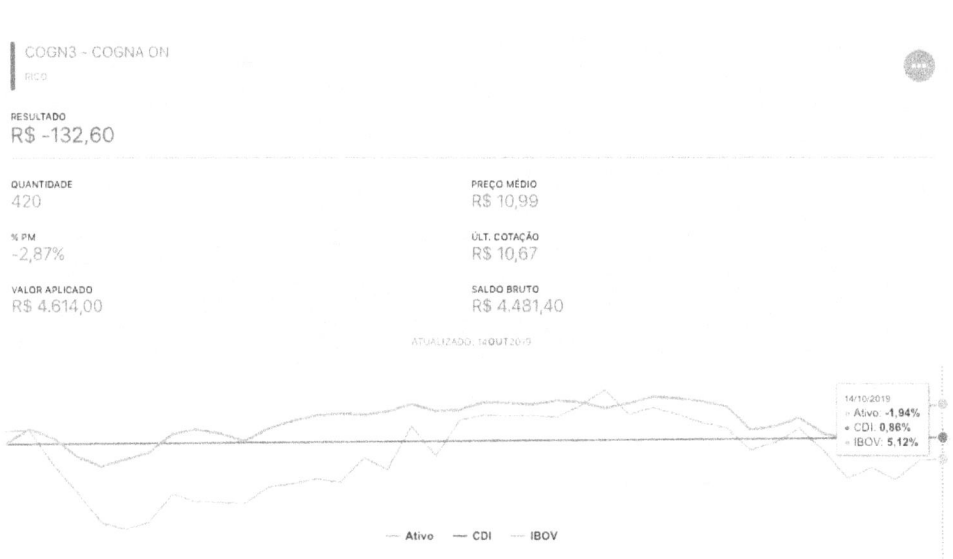

14/10/2019
- Ativo: -1,94%
- CDI: 0,86%
- IBOV: 5,12%

Ações com Lucidez: a Saga de um Investidor Iniciante na Bolsa de Valores

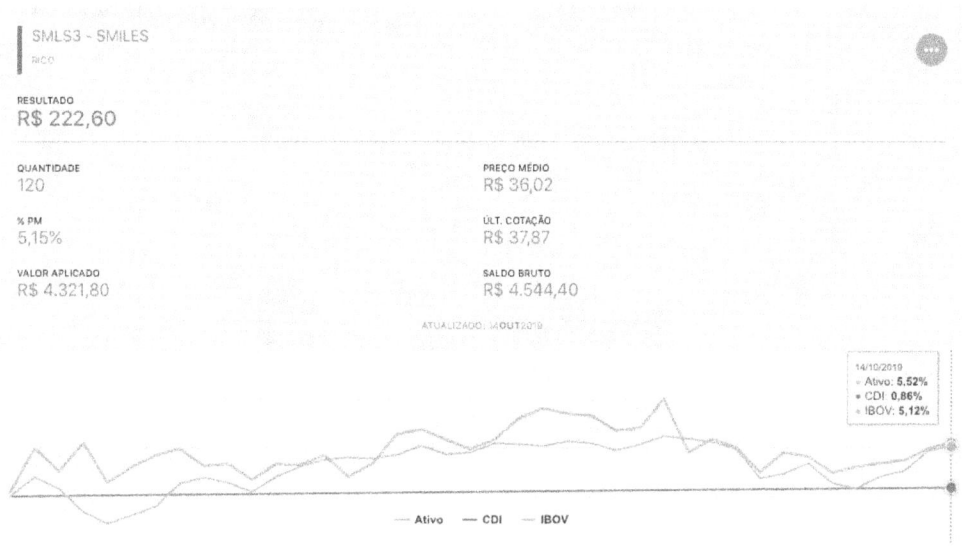

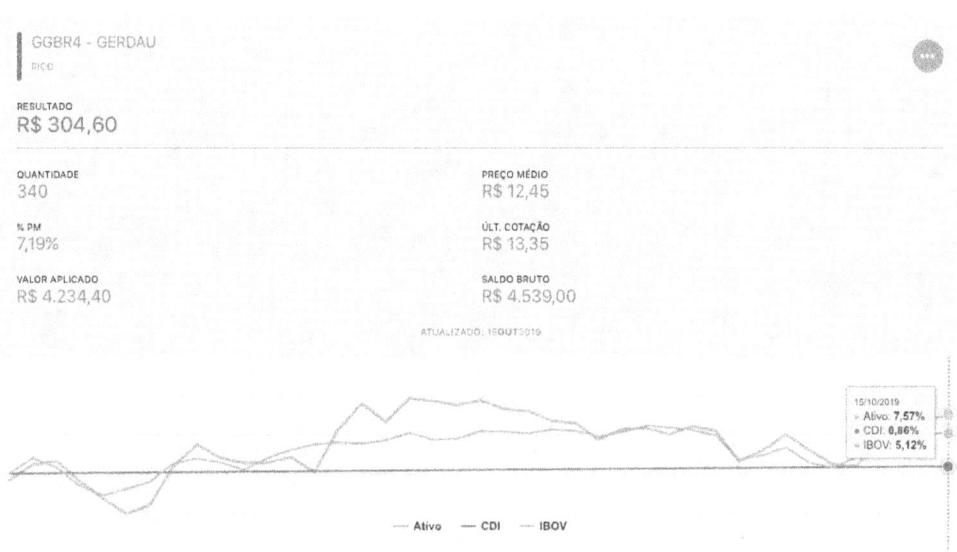

Diego Tresinari, Ph.D.

CIEL3 - CIELO
RICO

RESULTADO
R$ 63,00

QUANTIDADE
650

PREÇO MÉDIO
R$ 7,52

% PM
1,82%

ÚLT. COTAÇÃO
R$ 7,66

VALOR APLICADO
R$ 4.890,00

SALDO BRUTO
R$ 4.953,00

ATUALIZADO: 15/OUT/2019

15/10/2019
- Ativo: 2,20%
- CDI: 0,86%
- IBOV: 5,12%

— Ativo   — CDI   — IBOV

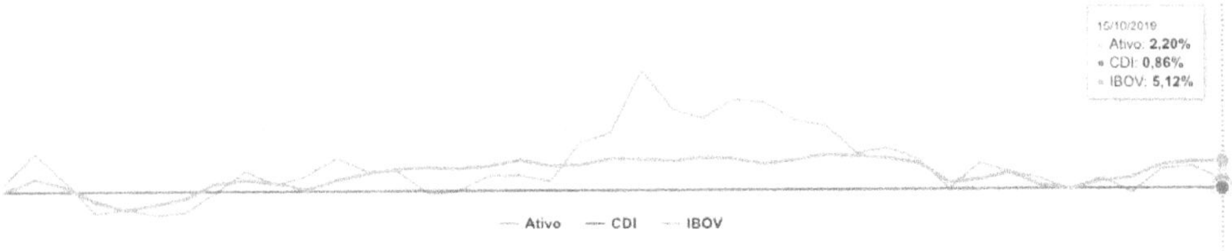

SUZB3 - SUZANO PAPEL
RICO

RESULTADO
R$ 454,00

QUANTIDADE
140

PREÇO MÉDIO
R$ 31,18

% PM
10,40%

ÚLT. COTAÇÃO
R$ 34,42

VALOR APLICADO
R$ 4.364,80

SALDO BRUTO
R$ 4.818,80

ATUALIZADO: 15/OUT/2019

15/10/2019
- Ativo: 10,78%
- CDI: 0,86%
- IBOV: 5,12%

— Ativo   — CDI   — IBOV

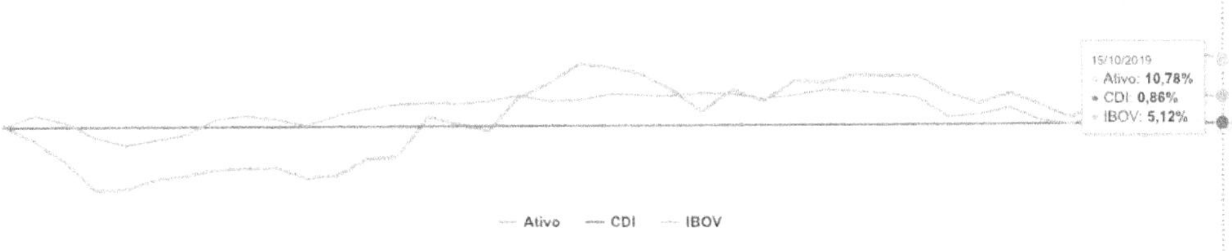

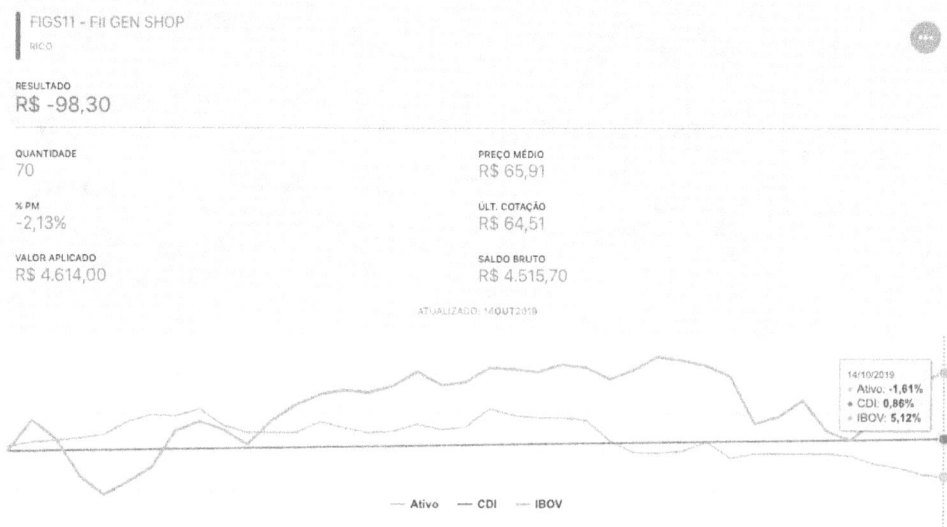

Se você se interessar com o tema renda variável, por favor, não deixe de seguir esta nossa saga. Mês a mês irei atualizando o que acontece com a carteira de ações e fundos imobiliários que o cliente irá escolher para que você vá familiarizando com o tema e quizá se anime a começar a melhorar a sua educação financeira com a ajuda do **Centro de Estudos Financeiros** (www.facebook.com.br/centrodeestudosfinanceiros).

Diego Tresinari, Ph.D.

AÇÕES COM LUCIDEZ (Documento 4-Novembro/2019)

Apresentação

Primeiramente gostaria de apresentar o documento intitulado "Ações com Lucidez". Este documento tem caráter educacional e está sendo formulado utilizando dados reais de uma mentoria financeira que venho prestando a um cliente desde 2017. Como o referido cliente se enquadra em um perfil que possivelmente deva ser similar ao da grande maioria dos interessados no tema dinheiro e investimentos que curtem a página do **Centro de Estudos Financeiros** (www.facebook.com.br/centrodeestudosfinanceiros), achei oportuno

preparar este documento para contribuir com a educação financeira de vocês.

Recapitulação dos Acontecimentos

No documento 1 lhes contei a dinâmica de um investimento que um de meus clientes fez com os conhecimentos adquiridos nas sessões individuais de Educação Financeira que realizamos nos últimos 2 anos. Ao final do documento mencionei que dei como sugestão ao cliente ele aprender a investir no mercado de ações comigo e reaplicar o seu dinheiro liberado do primeiro investimento feito com sucesso (34,36 % de rentabilidade, enquanto o CDI rendeu 13,12 % e a poupança 9,18 % no mesmo período), o que após algum embate tipo: "Bolsa é Cassino, Não irei agüentar ver tanta oscilação no meu patrimônio, Isto é para gente rica e Eu não sou tão inteligente assim", o cliente por fim aceitou este novo desafio de aprendizado e começou a investir em renda variável, Assim no documento 2 lhes contei a dinâmica deste novo investimento realizado (a compra de 7 ativos de renda variável, incluindo 5 ações de empresas e 2

Fundos de Investimento Imobiliário (FIIs) listados na bolsa brasileira no valor de R$ 31.565,20 no dia 20/08) até a data de 13/09 e no documento 3 até a data de 15/10.

Atualização do Investimento Realizado

No dia 14/11 um rendimento referente ao FII escolhido pelo cliente no valor de R$ 64,80 (XP Corporate Macaé, código na bolsa XPCM11), caiu em sua conta. Já no dia 18/11 dois pagamento de proventos foram realizados na conta do cliente no valor de R$ 15,91 e R$ 8,55 (no caso o recebimento se refere a juros sobre capital próprio da empresa do setor de serviços bancários Cielo, código na bolsa CIEL3). E por fim, no dia 25/11 um último pagamento de provento foi realizado na conta do cliente no valor de R$ 13,60 (no caso o recebimento se refere a dividendos da empresa do setor de sidergia Gerdau, código na bolsa GGBR4), totalizando o valor de R$ 102,86 (R$ 64,80 + R$ 15,91 + R$ 8,55 + R$ 13,60) (lembrando que nos dois meses anteriores os valores em proventos foram R$ 91,25 e R$ 66,93 em setembro e outubro, respectivamente, o que representa um rendimento mensal líquido (final) no mês de novembro somente em termos de proventos de 0,33 % a.m. A seguir vocês encontram o detalhamento da carteira de investimentos escolhida pelo cliente, bem como, o descritivo de sua valorização 13,68 %, R$ 3.895,80 (lembrando que nos dois meses anteriores os valores referentes à valorização do ativo foram 4,79 % e 3,8 %, em setembro e outubro, respectivamente. Assim, tem-se somente em termos de valorização da carteira de investimentos até o momento, isto é em somente 3 meses, uma rentabilidade acumulada de 13,68 % (enquanto que o IBOV, índice Bovespa, subiu 9,26 %), o que equivale a 11,07 vezes da rentabilidade obtida em um CDB ou LCI (pós-fixado) de Bancos como Santander, Itau, etc no mesmo período. Em outras palavras podemos dizer que caso todo o investimento fosse liquidado hoje, a rentabilidade obtida somente com a valorização dos ativos nestes 3 meses seria a mesma que de aproximadamente 3 anos no CDB de liquidez diária de Bancos grandes como Santander, Itaú, etc, que rentabilizam (87 % do CDI, Taxa Selic considerada a mesma da atual, novembro de 2019, 5% ao ano). Adicionalmente, aproveito para destacar que há ativos como GGBR4 e XPCM11 que subiram aproximadamente 35 % em somente 3 meses, o que faz gerar na cabeça do meu cliente aquela grande dúvida dos investidores bem sucedidos: Será que vale a pena vender ativos que se valorizaram muito em tão pouco tempo ou não? Para saber o que o cliente escolheu após um conversa comigo tentando aumentar a sua lucidez financeira acompanhe as cenas do próximo capítulo.

SALDO BRUTO
R$ 35.461,00

RENTABILIDADE TOTAL
13,68%

VALOR APLICADO
R$ 31.565,20

PRIMEIRA APLICAÇÃO
20AGO2019

XPCM11 - FII XP MACAE
SALDO ATUAL
R$ 5.840,00
RENTABILIDADE
33,84%

COGN3 - COGNA ON
SALDO ATUAL
R$ 4.351,20
RENTABILIDADE
-4,77%

SMLS3 - SMILES
SALDO ATUAL
R$ 4.213,20
RENTABILIDADE
-2,17%

GGBR4 - GERDAU
SALDO ATUAL
R$ 5.712,00
RENTABILIDADE
35,70%

CIEL3 - CIELO
SALDO ATUAL
R$ 5.024,50
RENTABILIDADE
4,17%

SUZB3 - SUZANO PAPEL
SALDO ATUAL
R$ 5.334,00
RENTABILIDADE
22,63%

FIGS11 - FII GEN SHOP
SALDO ATUAL
R$ 4.986,10
RENTABILIDADE
8,61%

Ações com Lucidez: a Saga de um Investidor Iniciante na Bolsa de Valores

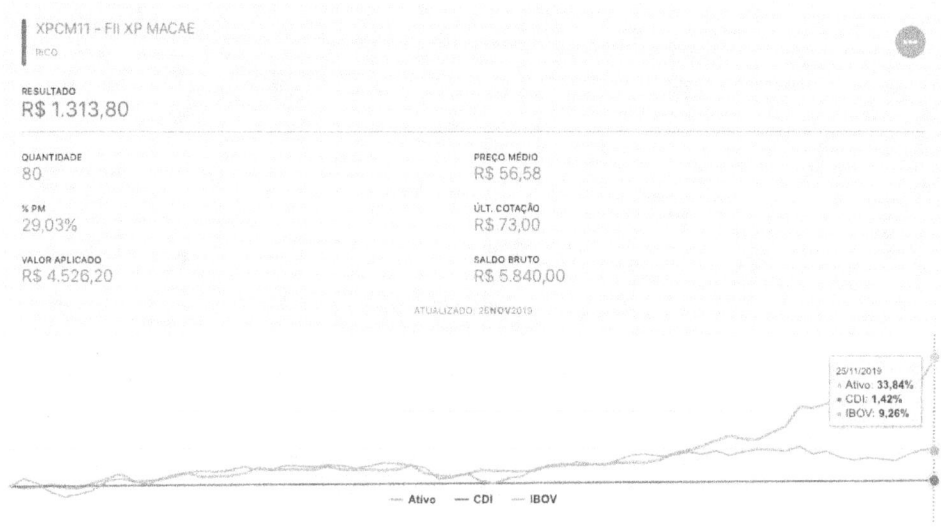

XPCM11 - FII XP MACAE
RICO

RESULTADO
R$ 1.313,80

QUANTIDADE: 80
PREÇO MÉDIO: R$ 56,58
% PM: 29,03%
ÚLT. COTAÇÃO: R$ 73,00
VALOR APLICADO: R$ 4.526,20
SALDO BRUTO: R$ 5.840,00

ATUALIZADO: 25NOV2019

25/11/2019
Ativo: **33,84%**
CDI: **1,42%**
IBOV: **9,26%**

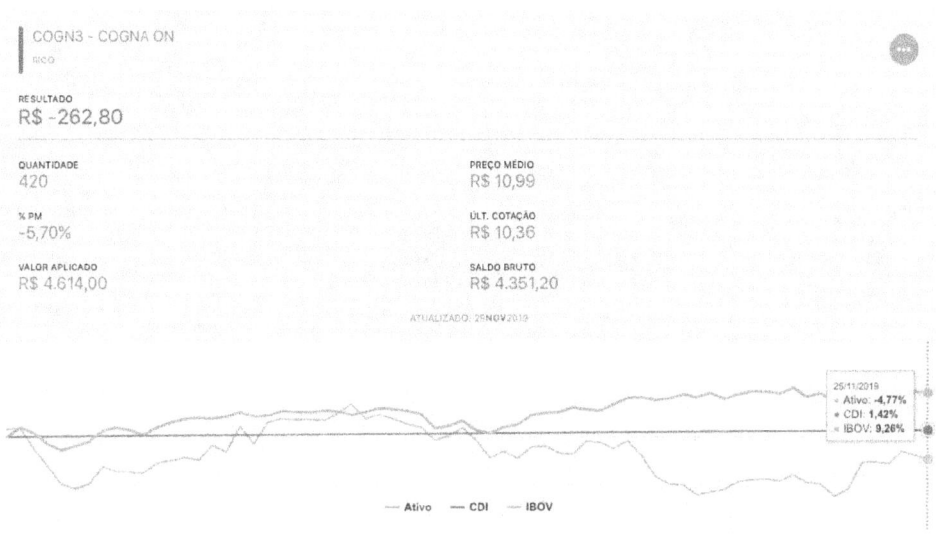

COGN3 - COGNA ON
RICO

RESULTADO
R$ -262,80

QUANTIDADE: 420
PREÇO MÉDIO: R$ 10,99
% PM: -5,70%
ÚLT. COTAÇÃO: R$ 10,36
VALOR APLICADO: R$ 4.614,00
SALDO BRUTO: R$ 4.351,20

ATUALIZADO: 25NOV2019

25/11/2019
Ativo: **-4,77%**
CDI: **1,42%**
IBOV: **9,26%**

Diego Tresinari, Ph.D.

SMLS3 - SMILES

RESULTADO
R$ -108,60

QUANTIDADE
120

PREÇO MÉDIO
R$ 36,02

% PM
-2,51%

ÚLT. COTAÇÃO
R$ 35,11

VALOR APLICADO
R$ 4.321,80

SALDO BRUTO
R$ 4.213,20

ATUALIZADO: 26NOV2019

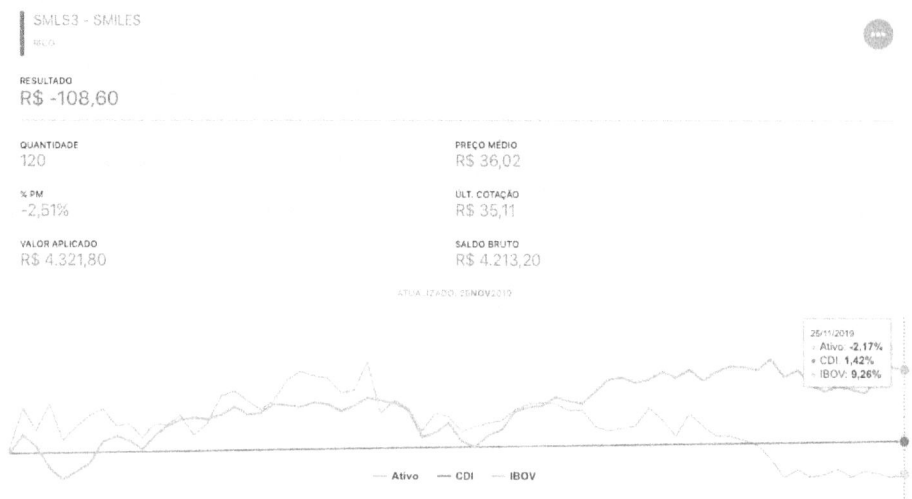

26/11/2019
- Ativo: -2,17%
- CDI: 1,42%
- IBOV: 9,26%

GGBR4 - GERDAU

RESULTADO
R$ 1.477,60

QUANTIDADE
340

PREÇO MÉDIO
R$ 12,45

% PM
34,90%

ÚLT. COTAÇÃO
R$ 16,80

VALOR APLICADO
R$ 4.234,40

SALDO BRUTO
R$ 5.712,00

ATUALIZADO: 26NOV2019

26/11/2019
- Ativo: 35,70%
- CDI: 1,42%
- IBOV: 9,26%

Ações com Lucidez: a Saga de um Investidor Iniciante na Bolsa de Valores

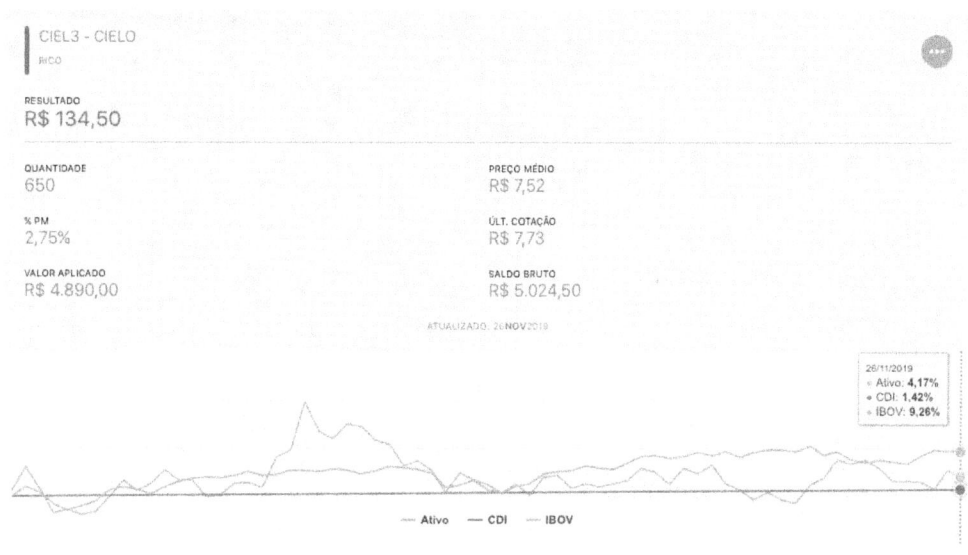

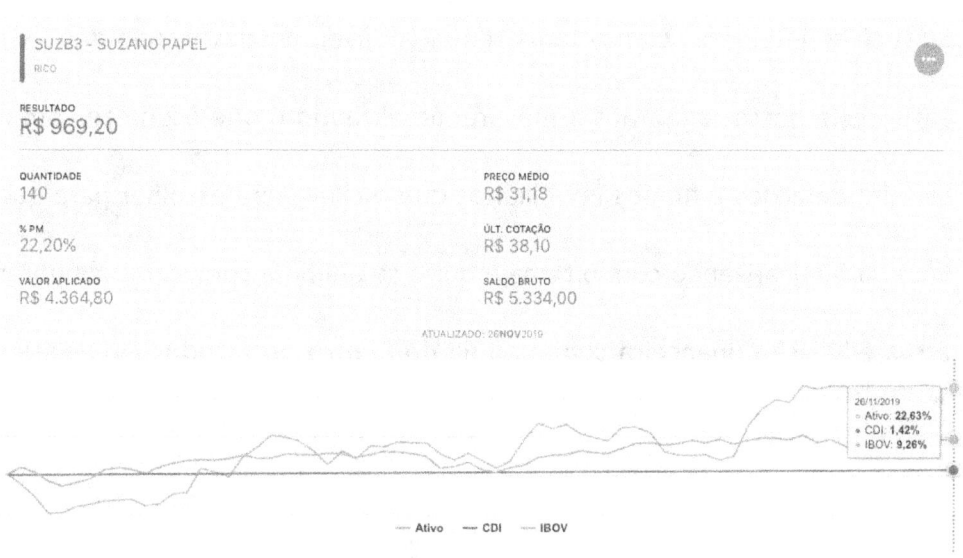

Diego Tresinari, Ph.D.

Se você se interessar com o tema renda variável, por favor, não deixe de seguir esta nossa saga. Mês a mês irei atualizando o que acontece com a carteira de ações e fundos imobiliários que o cliente irá escolher para que você vá familiarizando com o tema e quizá se anime a começar a melhorar a sua educação financeira com a ajuda do **Centro de Estudos Financeiros** (www.facebook.com.br/centrodeestudosfinanceiros).

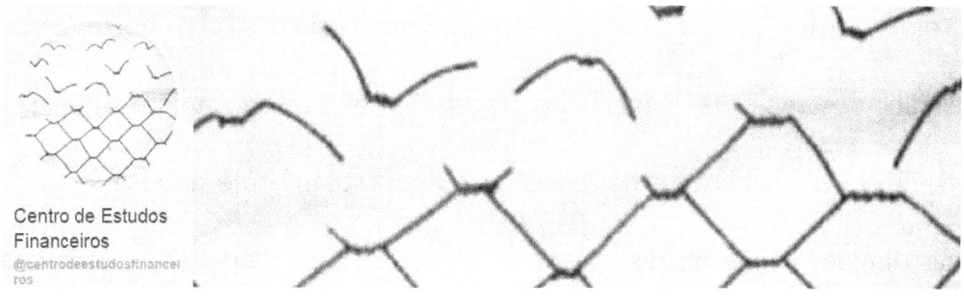

CONSIDERAÇÕES FINAIS SOBRE A SAGA AÇÕES COM LUCIDEZ

Com a seguinte pergunta finalizamos a minha última postagem referente à nossa Saga Ações com Lucidez: Será que vale a pena vender ativos que se valorizaram muito em pouco tempo ou não?

Como este tema é muito polêmico no mundo dos investimentos eu parei de fazer as postagens deixando este final em aberto na página do Facebook, assim como ele foi compilado até o momento para virar este livro. Porém, para dar a minha opinião, que é baseada em como eu faço com os meus investimentos pessoais, eu iniciei em Maio de 2020 a elaboração de um outro documento que intitulei Informe **"Investidor-**

Trader Lúcido". Assim como o "Ações com Lucidez" estes documentos serão postados na página do Facebook e posteriormente irão ser compilados e publicados no formato de livro. Este informe será elaborado e distribuído na página do Facebook 1 vez por mês ficando arquivado na seção Fotos https://www.facebook.com/pg/centrodeestudosfinanceiros/photos/?ref=page_internal para consulta. Se você deseja ser avisado imediatamente quando o Informe é postado envie uma mensagem ao WhatsApp de número: (19) 9.9805-0484 solicitando o seu cadastro na lista de transmissão de WhatsApp. Como a elaboração deste Informe é dependente do "Timing de Mercado", uma vez que a idéia é apresentar estudos práticos para contribuir com a Educação Financeira de vocês, sugiro que solicitem a sua inclusão na lista de transmissão para poder acompanhar adequadamente este material gratuito.

Voltando ao tema "Saga Ações com Lucidez" para termos um desfecho aqui no livro eu irei lhes contar como o cliente decidiu tomar sua decisão sobre o que fazer quando ativos se valorizam muito em pouco tempo.

Lembrando que na data do último informe em 25/11/19 tínhamos que os ativos como XPCM11 e GGBR4 haviam subido aproximadamente 35 % em somente aproximadamente 3 meses (data de inicio do investimento foi 20/08/19). Mais especificamente tínhamos XPCM11 (Fii) valorizando 33,84 % e GGBR4 (Ação de Empresa) 35,70 %, enquanto que o índice Bovespa (IBOV, balizador de renda variável, Ações) havia valorizado no mesmo período 9,26 % e o CDI (balizador de renda fixa) 1,42 % (vide gráficos abaixo).

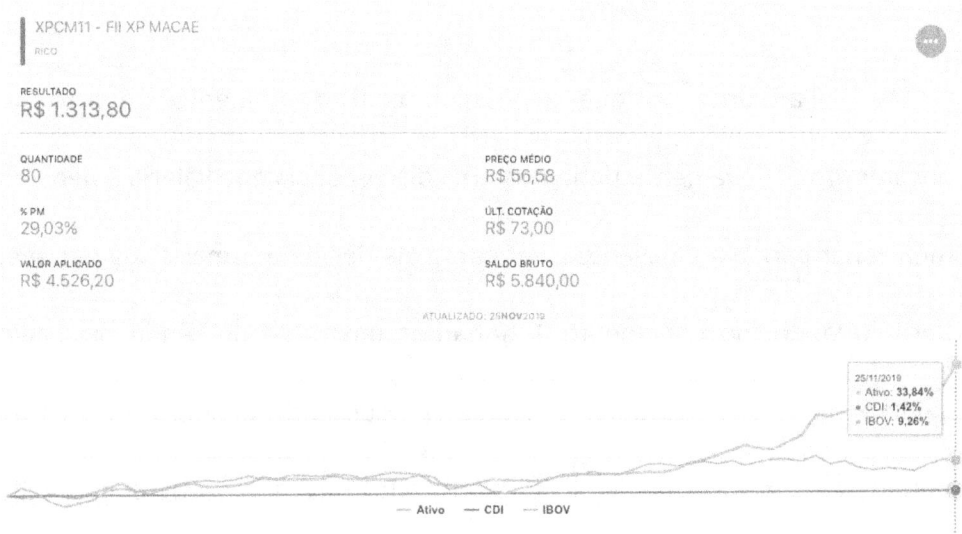

Diego Tresinari, Ph.D.

Similarmente ao que aconteceu com o momento descrito no documento 1, novamente tínhamos uma discrepância que valeria a pena eu mencionar para o meu cliente e ver como ele decidiria tomar a sua decisão. Recapitulando, no documento 1 tínhamos um título de renda fixa, cujo valor tinha valorizado muito e estava apresentando ganhos similares ao obtidos à renda fixa. Já aqui tínhamos valorizações em ativos de renda variável (Ações de Empresas e Fiis) muitíssimo maiores que à média das empresas mais negociadas, isto é, as pertencentes ao índice Bovespa (IBOV, balizador da renda variável, Ações).

Adicionalmente, tínhamos outros ativos que se valorizavam um pouco menos, como SUZB3 (Ação de Empresa) e FIGS11 (Fii) com valorização de 22,63 e 8,61 %, respectivamente, enquanto que o índice Bovespa (IBOV, balizador de renda variável, Ações) havia valorizado no mesmo período 9,26 % e o CDI (balizador de renda fixa) 1,42 % (vide gráficos abaixo).

Assim que durante algumas mentorias realizadas entre os meses de dezembro/2019 e janeiro/2020 trabalhamos um plano de saída destes 4 ativos para embolsar os lucros uma vez que o cliente assim o quis. A técnica utilizada para desenvolver o referido plano de saída foi a Análise Gráfica. E os percentuais de ganho nas vendas durante o mês de janeiro foram: 69,03 % para GGBR4, 42,70% para FIGS11, 37,43 % pra SUZB3 e 31,67 % para XPCM11, em um período de aproximadamente 5 meses. O interessante é que durante estes 2 meses de estudos e elaboração do plano de saída utilizando a técnica de Análise Gráfica somente o ativo XPCM11 se lateralizou e o ganho foi parecido ao que teria sido obtido em Novembro 33,84 %.

Como a técnica de Análise Gráfica leva em conta estudos probabilísticos sobre o preço dos ativos, para a saída de cada ativo, um estudo foi feito e em datas diferentes foram feitas as vendas dos ativos para embolso dos lucros. Assim que, no dia 10/01/20 todas as cotas de FIGS11 foram vendidas, enquanto que as ações de GGBR4 foram vendidas no dia 15/01/20. Já os ativos SUZB3 E XPCM11 foram ambos vendidos no dia 21/01/20.

Abaixo são apresentadas as notas de corretagem que o cliente me autorizou compartilhar para fins didáticos.

Diego Tresinari, Ph.D.

NOTA DE NEGOCIAÇÃO

Nr nota: 115694
Folha: 4
Data pregão: 10/01/2020

Rico Investimentos - Grupo XP
Av. Presidente Juscelino Kubitschek - Torre Sul, 1909 - 25º ANDAR VILA OLIMPIA
4543-907 SÃO PAULO - SP
Tel. 3003-5465 Fax: (55 11) 4007-2465
Internet: www.rico.com.vc SAC: 0800-774-0402
C.N.P.J: 02.332.886/0016-82
Ouvidoria: Tel. 08007740402
e-mail: atendimento@rico.com.vc
Carta Patente:
e-mail ouvidoria:

Assessor: 5030

Banco: 033 **Agência:** 2255 **Conta corrente:** 01008288

Negócios realizados

Q	Negociação	C/V	Tipo mercado	Prazo	Especificação do título			Obs. (*)	Quantidade	Preço / Ajuste	Valor Operação / Ajuste	D/C
1	BOVESPA	V	VISTA		FII GEN SHOP	FIGS11	CI ER			94,02		C
1	BOVESPA	V	VISTA		FII GEN SHOP	FIGS11	CI ER			94,02		C
1	BOVESPA	V	VISTA		FII GEN SHOP	FIGS11	CI ER			94,02		C

NOTA DE NEGOCIAÇÃO

Nr nota: 166410
Folha: 1
Data pregão: 15/01/2020

Rico Investimentos - Grupo XP
Av. Presidente Juscelino Kubitschek - Torre Sul, 1909 - 25º ANDAR VILA OLIMPIA
4543-907 SÃO PAULO - SP
Tel. 3003-5465 Fax: (55 11) 4007-2465
Internet: www.rico.com.vc SAC: 0800-774-0402
C.N.P.J: 02.332.886/0016-82
Ouvidoria: Tel. 08007740402
e-mail: atendimento@rico.com.vc
Carta Patente:
e-mail ouvidoria:

Assessor: 5030

Banco: 033 **Agência:** 2255 **Conta corrente:** 01008288

Negócios realizados

Q	Negociação	C/V	Tipo mercado	Prazo	Especificação do título		Obs. (*)	Quantidade	Preço / Ajuste	Valor Operação / Ajuste	D/C
1	BOVESPA	V	VISTA		GERDAU	PN N1			21,00		C

Ações com Lucidez: a Saga de um Investidor Iniciante na Bolsa de Valores

Como o valor de venda das Ações de Empresas na Bolsa de Valores GGBR4 (R$ 7.400) e SUZB3 (R$ 5.984) somadas foi menor do que R$ 20.000 (o valor exato foi R$ 13.384) o lucro gerado sobre esta operação de compra e venda (R$ 3.861) foi isento (segundo resolução da Receita Federal). Já para o lucro com os Fiis, independentemente no valor das vendas sobre o lucro gerado sempre é cobrado uma alíquota de imposto de renda de 20 %. Assim sobre os R$ 3.400 (R$ 1.970 oriundo de FIGS11 e R$ 1.430 oriundo de XPCM11) de lucro bruto gerado, foi-se calculado um imposto a ser pago no valor de R$ 680 (abaixo segue comprovante de pagamento de DARF com código 6015 paga em 12/02/20 fornecida pelo cliente), o que resultou num lucro líquido de R$ 2.720, totalizando um lucro líquido total de R$ 6.581 (R$ 3.861 + R$ 2.720). Se dividirmos este lucro líquido (final) pelo capital investido nestas 4 compras destes ativos (R$ 17.739), temos uma rentabilidade média de 37 % (R$ 6.581/R$17.739*100) em 5 meses e ao levarmos em conta todo a capital investido na compra de todos os 7 ativos (R$ 31.565,20) temos um rentabilidade média de 20,85 % (R$ 6.581/31.565,20*100), excluindo os 0,21-0,33 % ganhos em forma de proventos (aluguel no caso dos Fiis e dividendos e juros sobre capital próprio no caso das empresas). Levando em conta que à Taxa Selic-CDI no momento que o cliente fez o pagamento estava 4,5 % ao ano vocês podem imaginar a alegria que ele estava.

Ações com Lucidez: a Saga de um Investidor Iniciante na Bolsa de Valores

```
SISBB  -  SISTEMA DE INFORMACOES BANCO DO BRASIL
12/02/2020 -      AUTOATENDIMENTO       - 12.07.12
1515601515                                    0003


      COMPROVANTE DE PAGAMENTO DE DARF/DARF SIMPLES

      CLIENTE:
      AGENCIA:          CONTA:
      ==================================================
      AGENTE ARRECADADOR
      CNC 001 - 1515 - AGENCIA
      CODIGO DE BARRAS           ------------  -----------
                                 ------------  -----------

      DATA DO PAGAMENTO                       12/02/2020
      PERIODO DE APURACAO                     31/01/2020
      NUMERO DO CPF
      CODIGO DA RECEITA                             6015
      NUMERO DE REFERENCIA                    ------------
      DATA DO VENCIMENTO                      29/02/2020
      RECEITA BRUTA ACUMULADA                 ------------
      PERCENTUAL                              ------------
      VALOR DO PRINCIPAL
      VALOR DA MULTA                          ------------
      VALOR DOS JUROS                         ------------
      VALOR TOTAL
      ==================================================
      AUTENTICACAO SISBB:        A.367.DB1.DF2.27A.432
              Modelo Aprovado pela SRF - ADE
              Conjunto Corat/Cotec n. 001,DE 2006
```

Diego Tresinari, Ph.D.

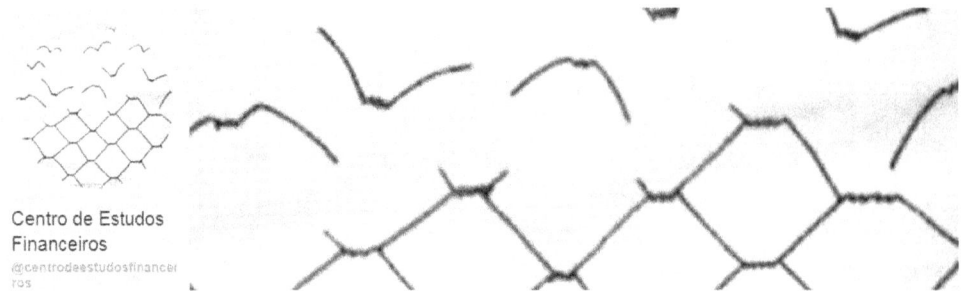

CENTRO DE ESTUDOS FINANCEIROS (CONSULTORIA FINANCEIRA INDEPENDENTE)

O Centro de Estudos Financeiros (CEF) é um centro de desenvolvimento pessoal localizado no centro de Barão Geraldo, Campinas, que tem como objetivo ajudar as pessoas a encontrarem sua lucidez financeira. As 6 ciências norteadoras do CEF são:

1. Analise Gráfica/Técnica dos preços dos ativos;

2. Analise Fundamentalista de empresas e fundos de investimentos imobiliários (Fiis);

3. Análise de cenários macroeconômicos nacional e internacional;

4. Engenharia econômica aplicada à renda fixa, tesouro direto/imóveis/juros compostos/criação de indicador econômico pessoal;

5. Ayurveda para o autoconhecimento;

6. Mindfulness para auto-análise;

O funcionamento do centro se dá através do agendamento de mentoria/consultoria individualizada presencial ou on-line pelo valor de 200 reais por 1 hora e meia no tema desejado pelo interessado. Se o cliente quiser comprar um pacote com 3 sessões daí o valor de cada sessão cai para 150 reais. Com este pacote o cliente consegue ter um aprendizado completo sobre um determinado tema que ele deseja aprender (por exemplo, investir em Fundos de Investimentos Imobiliários ou Ações da Bolsa de Valores usando às Análises Fundamentalistas e Gráficas concomitantemente, etc.). Para o uso deste pacote o cliente tem até um ano para fazer as 3 sessões. De maneira mais comum o cliente prefere fazer 1 sessão por mês ou a cada 15 dias para dar tempo de absorver tudo o que trabalhamos na sessão prévia.

Também há a possibilidade de aprendizado em grupo via cursos on-line ou presencial. Há dois tipos de curso: o "Investidor Lúcido" (6 h, R$ 250) e o "Trader Lúcido" (10 h, R$ 400).

Contato: diego_tresinari@yahoo.com.br ; Tel/WhatApp: (19) 9.9805-0484; https://www.centrodeestudosfinanceiros.com.br

FAQ - Perguntas e Respostas Frequentes

Com o objetivo de fornecer esclarecimentos acerca dos serviços que o Centro de Estudos Financeiros realiza seguem algumas das Perguntas Frequentes que costumo responder.

1) Irei sair do seu atendimento com o dinheiro já aplicado em um ótimo investimento? Como você trabalha?

Não, eu trabalho de uma maneira diferente dos principais profissionais que trabalham com o tema Investimentos. De maneira geral temos 2 profissionais que atendem às pessoas: o Gerente de Banco e o Assessor de

Investimento de Banco ou Corretora. Porém em comum eles têm a mesma abordagem de te deixar dependente das recomendações deles, além do conflito de interesse que acontece ao eles serem pagos por corretagem sobre o produto financeiro (CDB, Fundo DI, Plano de Previdência Privada, Seguro de Vida, etc.) que eles te venderem (assim que de maneira mais comum eles são tentados a te recomendar o produto financeiro que dê melhor corretagem para eles, geralmente Fundos de Investimentos em Ações ou Multimercado). Eu já atuo com uma ótica de te deixar independente de mim e sem conflito de interesse algum, uma vez que eu cobro por tempo gasto em ficar disponível para te atender no tema financeiro que você quiser aprender. Assim como eu orientava alunos de Mestrado e Doutorado em seus respectivos estudos quando atuava como Pesquisador Acadêmico, eu proponho um estudo Financeiro da sua saúde financeira em que você é o "Doutorando" e eu o "Orientador/Supervisor/Mentor" deste estudo, que tem como resultado a melhoria e o entendimento dos seus problemas financeiros e/ou potencialização dos seus ganhos através de melhores investimentos.

2) **E se eu somente quiser seguir no padrão comum de você cuidar da minha saúde financeira, tudo bem? Você me atende?**

Sim. Algumas pessoas vêm até mim com esta mentalidade e eu as atendo similarmente a um assessor de investimentos sem problemas. Agente faz o procedimento padrão de diversificar os seus investimentos em renda fixa, renda variável, etc... Porém, o que realmente começa a acontecer é que quando eu menciono esta outra possibilidade de abordagem, mais focada na independência e auto-responsabilização pela sua seu próprio problema de saúde financeira e obviamente pela sua própria capacidade de sanar-lo, a pessoa logo no segundo ou terceiro encontro já muda de atitude e começa a me pedir que cada vez mais que a ensine tudo que sei sobre Finanças e Investimentos. Assim, logo a assessoria/consultoria começa a se transformar no que eu chamo de acompanhamento/mentoria individualizada independente.

3) **Assim você quer somente nos ensinar sobre Finanças e Investimentos?**

Exatamente. O Centro de Estudos Financeiros é uma instituição educacional, porém que acredita no ensino individualizado e construído junto com alguém (mentor) que já superou problemas de saúde financeira similares. Assim as idéias "casa de ferreiro o espeto é de pau" ou "faça o que eu digo e não faça o que eu faço", etc. não se aplicam nos atendimentos do Centro. Eu utilizo o que está sendo ensinado pelos principais pesquisadores sobre Macroeconomia, Engenharia Econômica, Análise Fundamentalista e Análise Gráfica da cotação de Ativos com uma grande eficácia há anos, assim que pensei em compartilhar com à pessoas interessadas tanto estas ciências em si, como os resultados das experimentações que venho sistematicamente fazendo desde 2008. Eu cansei de ficar sendo o chato empolgado falando em grupos que não queriam ouvir nada do tipo: "sabe que realmente a nossa mente atua contra a nossa vontade de acumular dinheiro"; "sabe que poupar é mais importante que investir no começo da sua jornada financeira"; "sabe que investir na bolsa de valores não é um bixo de 7 cabeças assim"; "sabe que os japoneses e os americanos de antigamente estão certos que a análise gráfica funciona, realmente há padrões nos mercados financeiros assim como há estações climáticas"; "sabe que estou reparando que toda época do ano há um rali nas ações de empresas cotadas na bolsa de valores", etc.

4) E quais ferramentas você utiliza e orienta os teus "alunos/clientes" a testar?

As ferramentas são bastante variadas, que vão deste mudanças na rotina diária tais como separar o dinheiro para investir logo que o salário seja pago, observação do valor das cotações de alguns ativos para tentar encontrar padrões e etc. Para cada pessoa um tipo de ferramenta será mais efetivo, porém o segredo para ter resultados relevantes está justamente no uso combinado de várias ferramentas e técnicas de análise de investimentos. Por isto, um acompanhamento de quem já testou muito e é um estudioso/cientista/pesquisador por natureza seja oportuno.

5) E qual é a sua formação acadêmica?

Eu tenho graduação e doutorado na Área de Engenharia pela USP e Unicamp, respectivamente, e pós-doutorados na Suíça e Espanha na área de Engenharia Econômica, tendo atuado como pesquisador desde 2004. Ademais invisto nos mercados imobiliário e financeiro desde 2008.

6) E de quanto tempo são os seus encontros? Valor? Pode ser on-line? E se o meu caso financeiro é sério? E se não tenho dinheiro para investir, mas gostaria de aprender a ser Trader?

O tempo de duração dos encontros costuma ser de aproximadamente 1 hora e meia e o valor sessão de R$ 200,00 (se comprar via pacote, o valor cai para R$ 150). Sim podemos conversar on-line. Eu utilizo nos encontros on-line WhatsApp ou Messenger juntamente com Google Hangouts/Meet para poder ver a pessoa, enquanto compartilho as minhas anotações na tela do computador. Se o seu caso financeiro é sério melhor ainda. Eu adoro desafios e ajudar pessoas a sair de entraves financeiros mais comuns como: tirar dinheiro da poupança pois não rende nada; vencer o medo de começar a investir em ações; quando comprar imóveis; comprar ou alugar uma casa, etc. estão me entediando um pouco. O que mais me está motivando recentemente é um caso de um homem que tem uma aversão enorme a enriquecer e de outro que costuma falir todo negócio que entra. Assim que para estes casos além das ciências exatas-probabilísticas que utilizo eu recorro a ajuda da ciência humana-comportamental Psicologia Ayurvédica. Se você deseja se tornar um Trader também posso te ajudar nesta sua jornada. Eu já treinei algumas pessoas com este objetivo sendo que alguns optaram por fazer Trades com Bitcoin e outras criptomoedas e outros de fazer Day-trade no mercado futuro ou em Opções na bolsa de valores.

7) Em quanto tempo de Mentoria Individual eu consigo me tornar um Investidor Profissional?

Pela experiência que venho tendo ao dar mentoria à diferentes perfis de pessoas tenho visto que em média após 3 sessões de 1 h e meia (R$ 150 cada sessão; R$ 450 por 3 sessões) a pessoa já sai com um nível intermediário de conhecimento (Por exemplo: já aprende Renda Fixa pré-fixada, Fundos Imobiliários e Imóveis). Ao realizar outras 3 sessões (R$ 450 por 3 sessões; totalizando R$ 900 por 6 sessões) daí o nível de conhecimento sobe para o nível avançado (Por exemplo: já aprende Ações, Análise Fundamentalista, Análise Gráfica, etc.). E se a pessoa desejar atingir um nível análogo ao que definimos com idiomas: nível fluente em investimentos, daí ela poderia fazer mais 3 sessões (R$ 450 por 3 sessões; totalizando R$ 1.350 por 9 sessões) (Por exemplo: já aprende Mercado Futuro, Análise Gráfica Avançada, Criptomoedas, Day-trading, etc.). Assim que, eu comparo o preço de 4-5 mil reais que alguns educadores financeiros vem cobrando por cursos on-line ao pacote de 9 sessões no valor de R$ 1.350 em termos de quantidade de conteúdo, porém com as inúmeras vantagens além do preço mais reduzido: 1) eu não cobro pelo pacote e sim por sessão, daí que se vc somente desejar fazer 1 sessão ou 3 para aprender somente determinado tema, tudo bem; 2) a minha abordagem é totalmente individualizada diferente da maioria dos mentores que fazem sessão de mentoria em grupo, daí que eu tenho pessoas que fazem mentorias há mais de 1 ano, que vão marcando sessões, aplicando o conhecimento no mercado financeiro, ganhando dinheiro com ele e pagando as próximas sessões com este mesmo dinheiro ganho no mercado, fazendo um ciclo virtuoso de aprendizado-lucro-aprendizado-lucro.

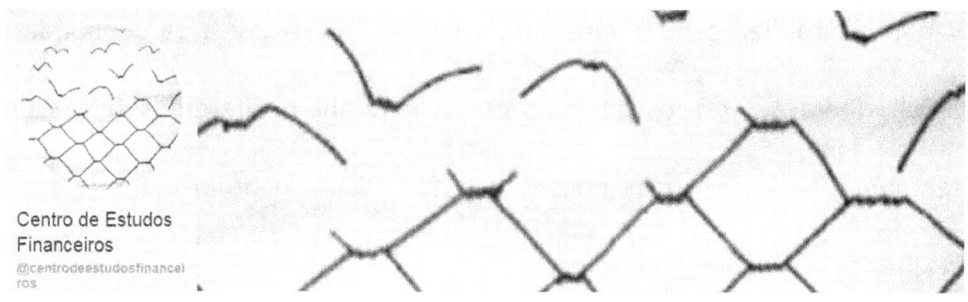

GLOSSÁRIO – TIPOS DE INVESTIMENTOS DISCUTIDOS (Tesouro Direto)

"Emprestando Dinheiro para o Governo Federal" - (https://www.tesourodireto.com.br/)

Tesouro Direto é um Programa do Tesouro Nacional desenvolvido em parceria com a B3 para venda de títulos públicos federais para pessoas físicas, de forma 100% online.

Lançado em 2002, o Programa surgiu com o objetivo de democratizar o acesso aos títulos públicos, permitindo aplicações a partir R$ 30,00.

O Tesouro Direto é uma excelente alternativa de investimento pois oferece títulos com diferentes tipos de rentabilidade (prefixada, ligada à variação da inflação ou à variação da taxa de juros básica da economia - Selic), diferentes prazos de vencimento e também diferentes fluxos de remuneração. Com tantas opções, fica fácil achar o título indicado para realizar seus objetivos!

Além de acessível e de apresentar muitas opções de investimento, o Tesouro Direto oferece boa rentabilidade e liquidez diária, mesmo sendo a aplicação de menor risco do mercado.

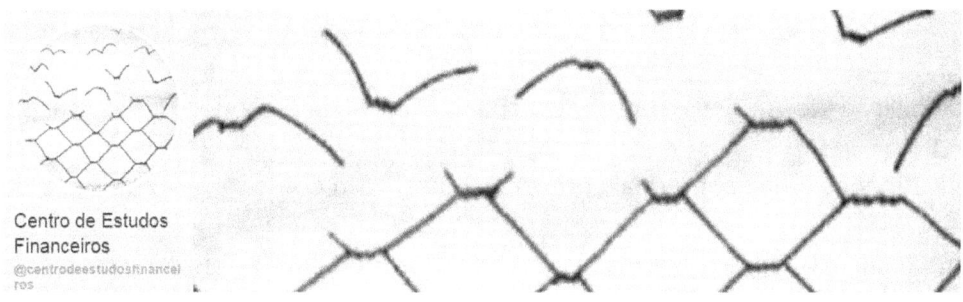

GLOSSÁRIO – TIPOS DE INVESTIMENTOS DISCUTIDOS
(Fundos de Investimentos Imobiliários, FIIs)

"Virando dono de grandes Imóveis e recebendo parte de seus aluguéis" –

(http://www.b3.com.br/pt_br/produtos-e-servicos/negociacao/renda-variavel/fundos-de-investimento-imobiliario-fii.htm)

O Fundo de Investimento Imobiliário (FII) é uma comunhão de recursos destinados à aplicação em ativos relacionados ao mercado imobiliário. Cabe ao administrador, uma instituição financeira específica, constituir o fundo e realizar o processo de captação de recursos junto aos investidores através da venda de cotas.

Os recursos captados na venda das cotas poderão ser utilizados para a aquisição de imóveis rurais ou urbanos, construídos ou em construção, destinados a fins comerciais ou residenciais, bem como para a aquisição de títulos e valores mobiliários ligados ao setor imobiliário, tais como cotas de outros FIIs, Letra de Crédito Imobiliário (LCI), Certificado de Recebíveis Imobiliários (CRI), ações de companhias do setor imobiliário etc.

Todo FII possui um regulamento que, dentre outras disposições, determina a política de investimento do fundo. A política pode ser específica e estabelecer, por exemplo, que o FII invista apenas em imóveis prontos destinados ao aluguel de salas comerciais, ou ser genérica e permitir ao fundo adquirir imóveis prontos em geral ou em construção, os quais poderão ser alugados ou vendidos.

Com a aquisição dos imóveis, o fundo obterá renda com sua locação, venda ou arrendamento. Caso aplique em títulos e valores mobiliários, a renda se originará dos rendimentos distribuídos por esses ativos ou ainda pela diferença entre o seu preço de compra e de venda (ganho de capital).

Os rendimentos auferidos pelo FII são distribuídos periodicamente aos seus cotistas.

O FII é constituído sob a forma de condomínio fechado, em que não é permitido ao investidor resgatar as cotas antes de decorrido o prazo de duração do fundo. A maior parte dos FIIs tem prazo de duração indeterminado, ou seja, não é estabelecida uma data para a sua liquidação. Nesse caso, se o investidor decidir sair do investimento, somente poderá fazê-lo através da venda de suas cotas no mercado secundário.

Diego Tresinari, Ph.D.

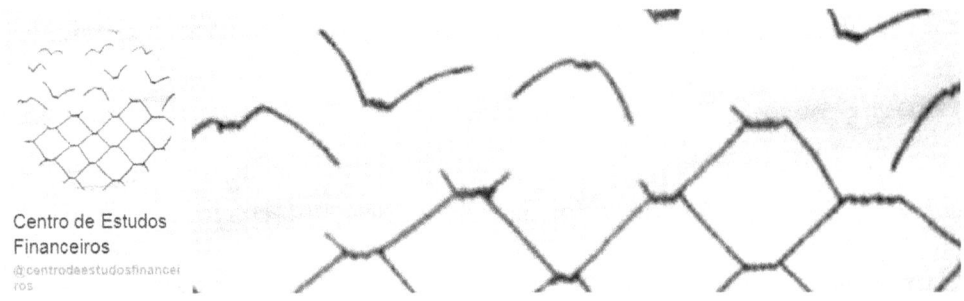

GLOSSÁRIO – TIPOS DE INVESTIMENTOS DISCUTIDOS (Ações)

"Virando sócio de grandes Empresas e recebendo parte de seus lucros" – (http://www.b3.com.br/pt_br/produtos-e-servicos/negociacao/renda-variavel/acoes.htm)

Ações são valores mobiliários emitidos por sociedades anônimas representativos de uma parcela do seu capital social. Em outras palavras, são títulos de propriedade que conferem a seus detentores (investidores) a participação na sociedade da empresa.

Elas são emitidas por empresas que desejam principalmente captar recursos para desenvolver projetos que viabilizem o seu crescimento.

As ações podem ser de dois tipos, ordinárias ou preferenciais, sendo que a principal diferença é que as ordinárias dão ao seu detentor direito de voto nas assembléias de acionistas e as preferenciais permitem o recebimento de dividendos em valor superior ao das ações ordinárias, bem como a prioridade no recebimento de reembolso do capital.

O primeiro lançamento de ações no mercado é chamado de Oferta Pública Inicial (também conhecido pela sigla em inglês IPO – Initial Public Offer). Após a abertura de capital e a oferta inicial, a empresa poderá realizar outras ofertas públicas, conhecidas como "Follow on".

As ofertas públicas de ações (IPO e Follow on) podem ser primárias e/ou secundárias. Nas ofertas primárias, a empresa capta recursos novos para investimento e reestruturação de passivos, ou seja, ocorre efetivamente um aumento de capital da empresa. As ofertas secundárias, por sua vez, proporcionam liquidez aos empreendedores, que vendem parte de suas ações, num processo em que o capital da empresa permanece o mesmo, porém ocorre um aumento na base de sócios

A B3 criou segmentos especiais de listagem da companhias – Bovespa Mais, Bovespa Mais Nível 2, Novo Mercado, Nível 2 e Nível 1. Todos os segmentos prezam por rígidas regras de governança corporativa. Essas regras vão além das obrigações que as companhias têm perante a Lei das Sociedades por Ações e têm como objetivo melhorar a avaliação das companhias que decidem aderir, voluntariamente, a um desses níveis de listagem.

Além disso, tais regras atraem os investidores. Ao assegurar direitos e garantias aos acionistas, bem como a divulgação de informações mais completas para controladores, gestores da companhia e participantes do mercado, o risco é reduzido.

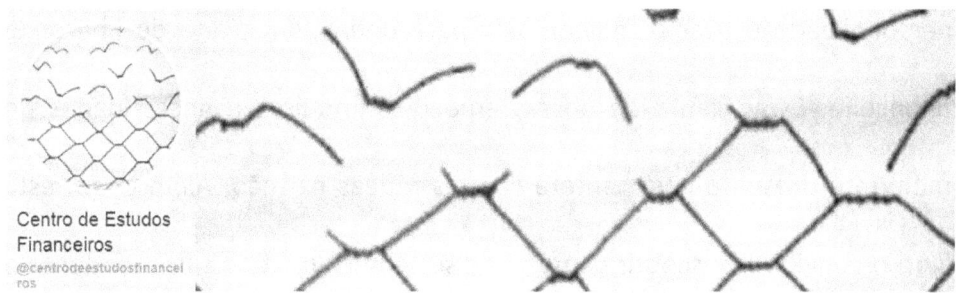

OUTROS LIVROS – Liberdade Financeira Ayurvédica: Insights de Minha Jornada

Liberdade Financeira Ayurvédica, originalmente publicado em inglês em março de 2020 com o título Ayurvedic Financial Freedom, é um livro sobre como você pode usar o melhor de si mesmo para se tornar financeiramente independente. Na direção oposta da maioria dos renomados livros e gurus do enriquecimento, este livro se concentra em saber que devemos assumir o controle de nossa vida financeira e buscar liberdade e paz interior. A etapa de autoconhecimento é conduzida usando os tradicionais sistemas orientais Ayurveda e Mindfulness para expor as ilusões da mente e trazer nosso corpo-mente de volta ao equilíbrio. O conhecimento dos 3 biotipos do Ayurveda, Vata, Pitta e Kapha, é usado para compreender nossa própria personalidade, a fim de expor nossas forças e fraquezas em relação à questões financeiras. O primeiro passo da jornada é abraçar nossa personalidade e usar o melhor dela para definir um plano de liberdade financeira. Estar ciente de nossas emoções, impulsos e necessidades no momento presente nos manterá com as rédeas na mão. Além disso, este livro o convida a descobrir como pode ser emocionante e surpreendente o caminho até chegar à liberdade financeira. Como pano de fundo, é utilizada minha própria jornada e experiência de liberdade financeira, o que resultou em muitos exemplos práticos e histórias engraçadas. Também são expostos alguns conceitos que pesquisei sobre engenharia econômica durante meu doutorado e estudos de pós-doutoramento.

(https://www.amazon.com.br/Liberdade-Financeira-Ayurv%C3%A9dica-Insights-Jornada-ebook/dp/B08LMZSWZT)

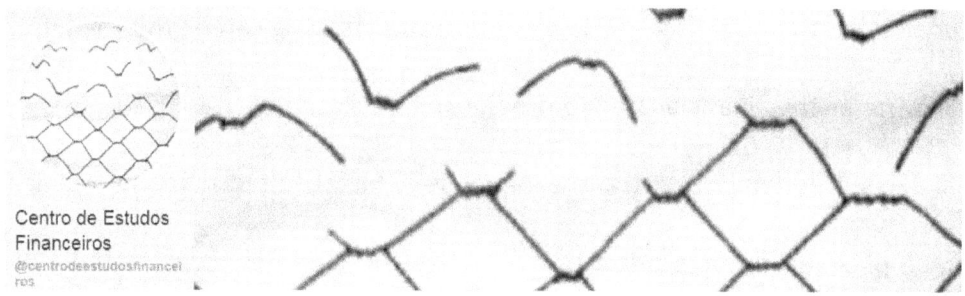

OUTROS LIVROS – Ayurvedic Financial Freedom: Insights From My Wealth Journey (Edição em Inglês)

Ayurvedic financial freedom is a book about how you can use the best of yourself to become financial free. In the opposite direction of most renowned get-rich-books and gurus, this book focus on knowing ourselves to take control of our financial life and search for freedom and inner peace. The self knowledge step is conducted using the ancient eastern systems of Ayurveda and Mindfulness to expose the illusions of the mind and to bring our mind-body back into balance. The knowledge of the 3 Ayurveda biotypes, Vata, Pitta and Kapha, is used to understand our own personality in order to expose our strength and weakness regarding money issues. The first step of the journey is embracing our personality and using the best of it to settle a financial freedom plan. To be aware of our emotions, impulses and needs in the present moment will keep us in the track. In addition, this book invites you to discover how exciting and amazing can be the road until arriving at the financial freedom point. As background, it is used my own financial freedom journey and experience, what resulted in many practical examples and funny stories. It is also exposed some concepts that I have researched about engineering economics during my Ph.D. and Postdoctoral studies. (https://www.amazon.com.br/Ayurvedic-Financial-Freedom-Insights-Journey-ebook/dp/B086PMHXYT)

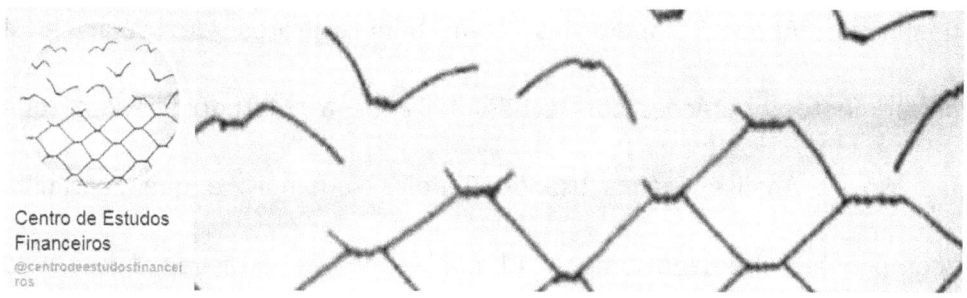

OUTROS LIVROS – Investidor-Trader Lúcido: Acabando com a Polarização no Mundo dos Investimentos

O livro "Investidor-Trader Lúcido: Acabando com a Polarização no Mundo dos Investimentos" apresenta o detalhamento da minha dinâmica durante a tomada decisão na renda variável (Ações da Bolsa de Valores, Fundos de Investimentos Imobiliários, Criptomoedas e Mini-contratos Futuros) usando uma visão holística e nada usual, que utiliza tanto ferramentas que os Investidores usam: Análise Fundamentalista, assim como as que os Traders comumente fazem uso: Análise Gráfica. Em linguagem simples e acessível este livro foi formulado através da compilação de 7 documentos publicados mês a mês (de junho a dezembro) na página do facebook do Centro de Estudos Financeiros (www.facebook.com.br/centrodeestudosfinanceiros) durante o ano de 2020, utilizando dados reais de meus investimentos/operações pessoais e/ou de mentorados que dou mentoria financeira. Após 3 operações com mini-contratos de dólar e 4 investimentos/operações com ações utilizando a "Metodologia Zen" que faz uso da Análise Gráfica usando Candles semanais, o que possibilita acompanhar o mercado somente 1 h por semana às sextas-feiras durante o período da tarde, foi-se obtido uma rentabilidade no período (7 meses) de 37,24 %, o que representa uma rentabilidade anualizada de 63,84 % (se somente considerarmos os ganhos com ações, sem considerar os ganhos com mercado futuro obteve-se uma rentabilidade de 43,15 % ao ano; próximo da média obtida ano a ano desde 2013, nos últimos 8 anos) (https://www.amazon.com.br/dp/B08RCGYPV7?ref_=cm_sw_r_kb_dp_xyD7Fb1FW2ZBQ&tag=kp014-20&linkCode=kpe).

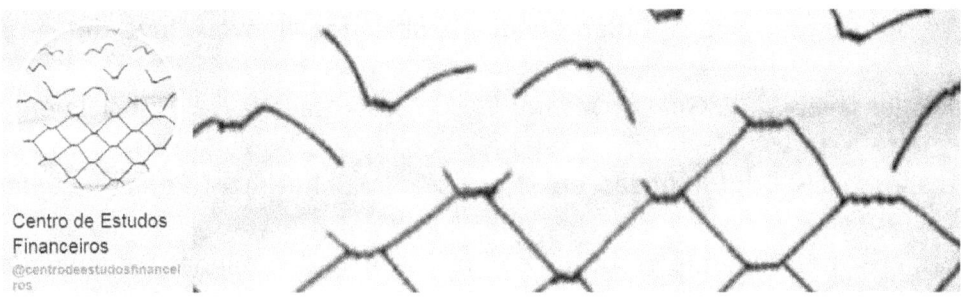

SÉRIE DE LIVROS NA AMAZON– Investimentos com Lucidez

Todos os livros acima fazem parta da série de livros: Investimentos com Lucidez. Ainda serão lançados brevemente os livros: Imóveis com Lucidez e Renda Fixa com Lucidez que farão parte desta série, bem como possivelmente outros relacionados à temática finanças e investimentos, assim que para acompanhar o lançamento dos próximos livros acesse o link: https://www.amazon.com/-/pt/gp/product/B08NGPLYNM?ref_=dbs_dp_rwt_sb_tkin&binding=kindle_edition.

A série Investimentos com Lucidez é uma série que contém livros que abordam tanto os temas finanças pessoais e investimentos [Renda Fixa,

Tesouro Direto, Ações, Dólar, Fundos Imobiliários, Imóveis, Investimentos Responsáveis (ESG): investimentos sustentáveis e socialmente responsáveis, Criptomoedas, etc.] quanto autoconhecimento e surge de um projeto pessoal que brotou na reta final de minha jornada de liberdade/independência financeira. Iniciado em 2008 a minha jornada financeira foi se entrelaçando durante os anos com a minha jornada de autoconhecimento e culminou no primeiro livro da série: Ayurvedic Financial Freedom: Insights From My Wealth Journey (2020), que posteriormente foi traduzido para o Português recebendo o título: Liberdade Financeira Ayurvédica: Insights de Minha Jornada. Este é um livro sobre como você pode usar o melhor de si mesmo para se tornar financeiramente independente. Na direção oposta da maioria dos renomados livros e gurus do enriquecimento, este livro se concentra em saber que devemos assumir o controle de nossa vida financeira e buscar liberdade e paz interior. A etapa de autoconhecimento é conduzida usando os tradicionais sistemas orientais Ayurveda e Mindfulness para expor as ilusões da mente e trazer nosso corpo-mente de volta ao equilíbrio. O conhecimento dos 3 biotipos do Ayurveda, Vata, Pitta e Kapha, é usado para compreender nossa própria personalidade, a fim de expor nossas forças e fraquezas em relação à questões financeiras. Assim que o primeiro passo da jornada é abraçar nossa personalidade e usar o melhor dela para definir um plano de liberdade financeira, estando ciente de nossas emoções, impulsos e necessidades no momento presente para nos manter com as rédeas na mão.

www.ingramcontent.com/pod-product-compliance
Lightning Source LLC
Chambersburg PA
CBHW080515220526
45465CB00006B/2495